M. Mitrović   M. Schuster

Das Meteora Wanderbuch

Zu Fuß auf den beliebtesten
Routen zu den Klöstern

Bibliografische Information der Deutschen Nationalbibliothek:
Die Deutsche Nationalbibliothek verzeichnet diese Publikation
in der Deutschen Nationalbibliografie;
detaillierte bibliografische Daten sind im Internet über
dnb.dnb.de abrufbar.

© 2023
Michael Mitrović
Michael Schuster

Herstellung und Verlag:
BoD – Books on Demand, Norderstedt
ISBN: 978-3-7431-1330-5

Inhalt

Vorwort	7
Kurze Einführung in die Geologie Meteoras	11
1. Wanderroute: Rund um den Stefansberg	13
2. Wanderroute: Über die Katzenkirche zu den großen Klöstern und zurück	18
3. Wanderroute: Durch das obere Kastraki über das Mönchsgefängnis zum Doupiani-Kirchlein	23
4. Wanderroute: Über den Liegenden Kater rund um die Meteorafelsen	30
5. Wanderroute: Von den großen Klöstern ins bergige Hinterland	36
6. Wanderroute: Über die Drachenhöhle zu den großen Klöstern	41
7. Wanderroute: Über die Schäferei zum Kloster Agios Rousanou	46
8. Wanderroute: Im Triskianostal	51
9. Wanderroute: Die Nachbardörfer Diava und Sarakina	56
10. Stadtrundgang: Der Ort Kalabaka	64
Die Klöstertour „Alle Sechs"	73

Ägyptischer Geier – Neophron percnopterus

Vorwort

Die Welt der Meteoraklöster gehört zum Weltkulturerbe. Anders als auf dem Heiligen Berg Athos bietet sich hier für Touristen beiderlei Geschlechts die einzigartige Möglichkeit, tief in das Wesen der orthodoxen Religion einzutauchen. Und ähnlich wie in der nur für Männer zugänglichen Mönchsrepublik auf der Halbinsel Chalkidiki so empfängt auch das religiöse Leben der Meteoraklöster seinen besonderen Reiz durch das landschaftliche Ambiente mit seinen denkwürdigen Felsformationen. In Wirklichkeit haben die ersten Mönche, die sich hier ansiedelten, gerade solche magischen Landschaften gesucht bzw. wurden von ihnen angezogen. Es besteht also eine Wechselwirkung zwischen geistiger Inspiration und der Magie des Ortes.

Umso mehr muss es verwundern, dass die allermeisten Besucher motorisiert anreisen und möglichst bis vor das gewünschte Kloster fahren, und zwar auch junge, gesunde, sportliche Menschen. Sie tun dies aus Zeitmangel oder aus Unwissen über die vielfältigen Wandermöglichkeiten, aus Angst vor Hitze und nicht zuletzt, weil sie grundsätzlich Anstrengungen meiden.

Mit unserem Wanderführer möchten wir allen Naturfreunden Mut machen und Anregungen geben, die wunderschöne und spektakuläre Gegend auf die natürlichste Weise zu erkunden, so wie es die Mönche jahrhundertelang auch gemacht haben: zu Fuß! Wir haben acht Routen rund um die Klöster ausgewählt, eine in die Nachbardörfer sowie einen Rundgang durch Kalabaka hinzugefügt. Alle beginnen und enden im Zentrum von Kalabaka. Man kann alternativ mit dem Bus oder dem eigenen Auto Teilstrecken zurücklegen. Alle acht Wanderrouten erfolgen fast ausschließlich abseits der Asphaltstraßen, alle Pfade verlangen keine Kletterfähigkeiten bzw. Ausrüstung. Gutes Schuhwerk versteht sich von selbst. Proviant sollte man mitnehmen, es gibt nur an den großen Klöstern Kantinenwagen, sonst ist man auf sich selbst angewiesen. Von allen Strecken ist man schnell an der Straße und kann im Notfall mit dem Bus zurückfahren.

Die beste Jahreszeit zum Wandern in Thessalien ist von Mitte März bis Mitte Mai und von Mitte September bis Mitte November. Im Frühling ist es noch nicht so heiß, es liegt noch Schnee auf den entfernten Bergen und die Bäche führen ihr Wasser in den Pinios ab. Wer Trubel nicht mag, sollte nicht zum orthodoxen Osterfest anreisen. Andererseits ist das gerade eine gute Gelegenheit, die religiösen Bräuche kennenzulernen. Im Herbst ist es tagsüber oft noch sehr warm, wird aber nachts schon kühl. Das Wetter ist unbeständig, es kann auch mal einige Stunden regnen. Im Sommer ist es sehr heiß, dann empfehlen sich Wandertouren mit hohem Waldanteil und einem Start am frühen Morgen. Wenn man in der Sonne wandert, muss man sich gut schützen und pro Stunde etwa einen Liter trinken.

Kloster Varlaam

Es wurde bewusst darauf verzichtet, ausführlich auf die Geschichte und Kultur der Region und der Klöster einzugehen. Auf der einen Seite würde das den Rahmen eines handlichen Führers sprengen und das thematische Gewicht entscheidend verlagern. Andererseits gibt es genügend Literatur in den Klöstern und Andenkengeschäften im Ort, auch auf Deutsch, zu kaufen. Einige Anmerkungen werden im Text hin und wieder hinzugefügt.

Einleitend wird die derzeit wahrscheinlichste geologische Entstehungsgeschichte dieser mystisch anmutenden Felsformation kurz erläutert.

Alle wichtigen praktischen Informationen erhält man in Kalabaka: in allen Hotels und Pensionen liegt das kostenlose Faltblatt „Meteora maps" aus, es gibt außerdem mehrere Reisebüros und Touristeninformationen, in denen man geführte Touren buchen kann, z.B. halbtägige Wanderungen oder „Sunset"-Bustouren usw.

Es gibt eben zwei Möglichkeiten, sich dieser einzigartigen Welt zu nähern: aus Interesse an den Klöstern zum Wandern zu kommen – oder beim Wandern die Klöster zu entdecken! Der Autor dieser Zeilen hat den ersten Weg beschritten und danach das ganze Netz der Pfade und Wege gesucht, gefunden und abgeschritten. Denn das sollte jedem Besucher der Meteoragegend sofort klar werden: ein einziger Besuch reicht nicht aus, um die Magie des Ortes zu erspüren und zu begreifen!

Kurze Einführung in die Geologie Meteoras

Aus der Nähe betrachtet sehen sie aus, als hätten die Götter sie aus Zement und Kies erbaut, was auch der mythischen Entstehungsgeschichte der Felsen von Meteora entspricht.
Teilweise mehr als dreihundert Meter hoch ragen die Steinsäulen in den Himmel auf, bedeckt von einem grünen Dach aus Weiden und Wiesen, auf dem die Klöster majestätisch thronen. Ihre ganze Schönheit entfaltet sich aus der Ferne, insbesondere unter dem Einfluss der Wechselwirkungen zwischen Wetter und Sonnenlicht. Mal ragen sie kühl und grau aus dem Morgennebel auf, mal erstrahlen sie im goldenen Licht der Abendsonne.
Ihre Reize entfaltet dieses einzigartige kulturelle und Landschaftsensemble zu jeder Tages- und Jahreszeit. Und es fällt dem Besucher leicht, zu verstehen, warum die Mönche ab dem 13. Jahrhundert gerade hier ihre bis ins 20. Jahrhundert hinein beinahe unerreichbaren Klöster errichtet haben.
Neben der mythischen Entstehungsgeschichte gibt es natürlich auch eine geologische bzw. mehrere. Wir wollen uns hier jedoch auf die plausibelste Erklärung beschränken, die weitestgehend auf den deutsch-jüdischen Geografen und Geologen Alfred Philippson (1864 - 1953) zurückgeht, der die Region um Kalabaka, Kastraki und Meteora im Jahre 1893 besuchte und seine Reiseberichte und Forschungsergebnisse in dem 1897 erschienenen Werk ‚Thessalien und Epirus' veröffentlichte.

Der Beginn der Entstehung der in dieser Region solitären Felsformation reicht um die 30 Millionen Jahre bis ins Oligozän im späten Paläogen zurück.

Dort, wo heute der Pinios verläuft, erstreckte sich zu jener Zeit ein oligozäner Meeresarm, in dem sich im Laufe der Zeit kalkhaltige Sedimente absetzten.

Es setze eine tektonische, über mehrere Millionen von Jahren andauernde Hebung ein.

Vor ca. 23 Millionen Jahren mündete ein von Nordosten her kommender Fluss in das Meer. In das Flussdelta hatte sich im Verlauf der Zeit eine große Menge an Felsen und Geröll, sowie sandiges und schlammiges Sediment abgelagert.

Die Meteorafelsen bestehen aus diesem sedimentären unter Druck entstandenen Konglomerat, aus durch Reibung abgerundeten Kieselsteinen verschiedener Arten von sedimentären, metamorphen und vulkanischen Gesteinen früherer Epochen und sind von Sandstein eingehüllt.

Diese Annahme wird auch dadurch bestätigt, dass sich das Gestein des Konglomerats völlig von dem des heute auf der gegenüberliegenden Seite des Flusses liegenden Pindosgebirges unterscheidet.

Durch die Hebung und Trockenlegung des Deltas entstanden tektonische Brüche im Konglomeratgestein. Die anschließend wirkenden Kräfte von Erosion durch Wasser, Wind, Eis und Erdbeben insbesondere entlang dieser Verwerfungslinien arbeiteten schließlich die heutigen Felsformationen von Meteora heraus, während das erodierte Material unterhalb um die Felsen herum ablagert oder abtransportiert wurde.

1. Wanderroute: Rund um den Stefansberg (Agia Triada und Agios Stefanos)

Auf dieser Wanderung haben wir die Gelegenheit, zwei Klöster zu besuchen. Es geht durch dichten Mischwald, über Wiesen sowie durch eine Schlucht. Die reine Wanderzeit beträgt etwa zwei Stunden, mit Pausen und Besuch eines Klosters 3 ½ bis 4 Stunden.
Wir starten am „Rathausplatz" (Δημαρχειο) und gehen die Vlachavastraße hinauf. Links sehen wir die Kirche des Heiligen Vissarion ❶, auf dessen Kuppel vom Frühjahr bis zum September Störche nisten. Ganz in der Nähe, in einer Seitenstraße (Odos Fidou) aufwärts, befindet sich das kleine Kirchlein Johannes des Täufers, das vor 1336 gebaut wurde. Ebenfalls dort in der Nähe (Odos Nikis) steht die Kirche der Heiligen Barbara, 1798 erbaut.
Am Ende der Straße geht sie in die Kanaristraße über und kurz darauf beginnt der eigentliche Fußpfad, der mit 40 Minuten bis zum Kloster Agia Triada ausgeschrieben ist. Der größte Teil des Pfades ist mit Kopfsteinen gepflastert, man kann sich nicht verlaufen. Aus immer wieder neuen Blickwinkeln schauen wir hinab nach Kalabaka, hinauf in die uns umgebende Felsenwelt oder zum Kloster Agia Triada. Einige besonders schöne Stellen laden zum Verweilen ein ❷. Die grünen Schneisen zwischen den Felsformationen zur linken Hand, die hinauf zur Spindel auf der Seite Kastrakis führen, sind für geübte Kletterer kein Problem. Wir jedoch bleiben auf unserem sicheren Pfad. Oben angekommen haben wir die Möglichkeit, rechts

zum Kloster Agia Triada ❸ zu gehen, von dessen vorgeschobenem Felsplateau wir einen atemberaubenden Blick auf Kalabaka und sein Hinterland werfen können. Die Kirche mit Ikonostase und Wandmalereien ist sehenswert.
Rechts hoch geht es zur Asphaltstraße und auf dieser weiter zum Kloster Agios Stefanos ❹. Es sind nur wenige Hundert Meter bis zu diesem großen Nonnenkloster. Leider ist der Wanderweg von dort nach Norden um den Stefansberg herum versperrt worden, so dass man denselben Weg auf der Straße zurückgehen muss.
Wenn wir an der Asphaltstraße links abbiegen, gelangen wir nach 200 Metern an ein Proskinitario (Heiligenbild mit Häuschen) ❺ rechts neben der Straße. Es lädt zu einer kurzen Rast ein. Manchmal laufen Kühe auf der Straße entlang, die der nahen Weide im Agias-Trias-Tal entlaufen sind. Am Proskinitario wenden wir uns rechts den Stefansberg hoch, der Weg ist breit und führt an der Schlucht unterhalb des Stefansbergs entlang. Unten sehen wir Weiden und verfallene Schäferhütten. An einer scharfen Rechtskurve biegen wir links in einen Fußpfad bergab ein, der uns durch einen wunderschönen Laubwald in leichten Serpentinen hinab bis zur Kapelle Analepsis ❻ führt. Dabei ist die Marschrichtung anfangs Nordwest, dann vorwiegend Ost und Südost. Die Kapelle ist ein schmuckloser Neubau, eine Bank davor lädt zum Ausruhen ein.

Kloster Agia Triada mit Blick auf Kalabaka
Kloster Agios Stefanos
Theopetra Felsen, im Hintergrund Trikala

An der Kapelle vorbei führt der Pfad nun über Wiesen auf einen befestigten Weg, den wir kurz nach den ersten Häusern verlassen, um rechts abzubiegen. Wir durchqueren eine alte Sandgrube ❼, steigen eine Wiese hinab und kommen schließlich an der Analipseosstraße heraus, der wir bis zu einem größeren Platz folgen. Unterwegs kommen wir am Militärfriedhof ❽ vorbei, auf dem Opfer des griechischen Bürgerkrieges ruhen. Leider ist der Friedhof nur am Ochi-Tag zugänglich. Wir biegen in die Rammidistraße ein und gelangen auf ihr wieder ins Zentrum Kalabakas.

Weinkelterei – Kloster Metamorfosis

2. Wanderroute: Über die Katzenkirche zu den großen Klöstern und zurück (Agios Rousanou, Agios Varlaam, Agios Metamorfosis, Agios Nikolaos)

Auf dieser Strecke steigen wir durch mehrere Schluchten, durchqueren uralte Wälder und haben die Gelegenheit, zwei Klöster zu besichtigen. Der Rückweg führt uns durch das Nachbardorf Kastraki. Dauer etwa 3 Stunden ohne Besichtigung eines Klosters.

Vom Zentrum Kalabakas gehen wir den gleichen Weg wie auf der ersten Route bis kurz nach dem Beginn des gepflasterten Aufstiegs zum Kloster Agia Triada. An einem großen Felsblock ❶ zweigt links den Fels hinauf unser Weg ab, der auch ausgeschildert ist (Aufschrift auf dem Felsen). Nur die ersten Meter sind etwas anstrengend und verlangen Trittsicherheit, danach wird es einfacher. Beim Aufstieg kommen wir links der Alyssoswand näher, manchmal kann man einer kleinen Ziegenherde an halsbrecherischen Stellen zuschauen. An verschiedenen Punkten stellen die Hirten Wassereimer zur Tränke für die Tiere auf.

Schließlich gelangen wir eng zwischen Modi- und Deltawand ❷, einem beliebten Platz für Kletteranfänger. Am nicht sehr hohen Fels sind mehrere kleine Routen für Anfänger gesteckt, ihre einheimischen kundigen Führer achten darauf, dass nichts passiert. Oben angekommen halten wir uns auf dem Weg rechts bis zum Abzweig. Geradeaus geht es im großen Bogen

---

Katzenkirche
Feuersalamander
Kastraki mit Heilig-Geist-Felsen

zum Kloster Agia Triada. Wir biegen links ab hinunter durch einen herrlichen Laubwald. Im Hochsommer ist es hier erfrischend kühl, im schummerigen Spätherbst recht düster! Bei Regenwetter können wir auf den Wegen häufig Feuersalamander sehen. Eichelhäher melden überall unser Kommen.

Wir erreichen die Asphaltstraße von Kastraki ❸ zu den höher gelegenen Klöstern. Rechts gelangen wir nach dreihundert Metern zum Nonnenkloster Rousanou. Wir wählen den Weg links hinab – leider etwa 400m an der Straße. An einer scharfen Linkskurve verlassen wir die Straße und biegen rechts ab, hinauf in die Plakes Arsaniotikes, einem sanft ansteigenden Tal, das in der Mitte von einer Felsennase, der Katzenkirche ❹, beherrscht wird. Im Winter plätschert hier ein munteres Bächlein, gegen Ende März sind jedoch fast alle Bäche im Meteorageländeversiegt. Steinmännchen zeigen uns den Weg, den man besonders oberhalb der Katzenkirche leicht verlieren kann. Wir erreichen nun die Straße zu den Klöstern Varlaam und Metamorfosis. Auf dem Gelände des Klosters Varlaam ❺ biegen wir rechts in den abschüssigen Weg zum Klostergarten ein. Er führt uns aus dem Klostergelände heraus (das alte Tor wird nicht mehr, wie früher, zum Sonnenuntergang geschlossen!) und auf einem meist gut befestigten Weg hinunter bis an die Straße von Kastraki kommend. Der Abzweig nach rechts kurz unterhalb des Tores führt zum Kloster Metamorfosis. An dieser Stelle können wir uralte Baumriesen bewundern, deren teils abgestorbene Teile mächtige Umfänge ergeben. Auf halber Strecke geht ein kleiner Fußpfad links hinauf in die Drachenhöhle ❻, ein geräumiger Überhang, der von weit her gesehen werden kann.

Wir überqueren die Straße und gehen auf einem steinigen Weg abwärts durch Buschwerk und Baumbestand. Links über uns an der Wand des Heiligen-Geist-Felsens sehen wir die bunten Tücher, die dort am verlassenen Kloster des Heiligen Georg ❼ alljährlich am 23. April, dem Tag des Heiligen, von jungen Männern hinauf gebracht werden.

Wir durchqueren den Ort Kastraki, dessen genauere Besichtigung wir uns für eine andere Gelegenheit vornehmen. Jetzt wollen wir an der Hauptstraße auf Fußwegen zurück nach Kalabaka gehen. Am Restaurant „Panorama" ❽ biegen wir links ein und kürzen so ein Stück ab.

Mönchsschädel – Kloster Metamorfosis

3. Wanderroute: Durch das obere Kastraki über das Mönchsgefängnis zum Doupiani-Kirchlein (Agios Nikolaos)

Diese Route führt uns zu alten, in den Fels gehauenen Klöstern, einem Gefängnis für Mönche sowie zum wohl ältesten Kirchlein der Meteoragegend. Außerdem übersteigen wir eine Bergkluft und besuchen die Spindel. Es besteht Gelegenheit, ein Kloster zu besichtigen. Für ganz mutige ohne Höhenangst ist der Aufstieg auf das Heilig-Geist-Massiv der Höhepunkt. Die Wanderroute ist relativ lang, an einigen Stellen braucht es Kondition, gutes Schuhwerk ist notwendig. Ohne Aufstieg auf den Heiligen Geist etwa 3 bis 3 ½ Stunden.

Wir beginnen unsere Wanderung im Zentrum Kalabakas und gehen Richtung Kastraki. Am oberen Ortsausgang, kurz hinter dem Restaurant „Panorama", biegen wir rechts ab Richtung Kastraki, genauer gesagt zum oberen Ortsteil. Nach der ersten Rechtskurve gelangen wir in ein Felsental, in dem die Mönche der früheren Jahrhunderte eine Vielzahl an Aktivitäten ausübten ❶. Hier muss es einmal nur so von ihnen gewimmelt haben…

Gleich rechts, noch vor dem Eingang in die Schlucht, sehen wir frühere Eremitenhöhlen, die später von den Hirten als Unterschlupf und Vorratskammer genutzt wurden. Oft stehen Wasserbehälter davor für die herumstreunende Ziegenherde. Einige Meter weiter geht rechts eine steile Straße hinauf und in das Tal hinein. Viele Griechen möchten mit ihrem Auto möglichst immer direkt zu ihrem Ziel fahren. Wir dürfen uns deshalb nicht wundern, wenn sie auch zu diesem Ensemble von Kapelle und Kloster direkt bis vor die Tür fahren.

An der rechten Wand sehen wir das in den Felsen gehauene Nikolaos-Bandova-Kloster, das nicht besichtigt werden kann. Wir können allerdings auf Steintreppen am Hang hinaufgehen und eine schöne Aussicht auf Kalabaka genießen. Wieder unten liegt gerade vor uns die kleine Kapelle der Panagia Phaneromeni, dahinter das Kloster Agia Trias, Asketirion des Klosters Agios Nikolaos. In den Fels gehauen sehen wir weitere ehemalige Klöster Agios Antonios und Agios Gregorios, dessen hölzerne Balkone gut zu sehen sind.

Wenn man sich ganz eng am Fels nach links wendet, kann man einen kleinen Pfad durch Gestrüpp und über den blanken Stein bis oberhalb Kastraki gehen und dadurch den Weg zur Spindel abkürzen. Wir kehren zur Straße zurück und gehen rechts bergauf zu einem Unterstand ❷, der sowohl vor Regen als auch Sonne Schutz bietet und einen wunderschönen Blick auf das Tal des Pinios gewährt: links ragt die Spitze des Koziakas-Massivs mit dem Sommerdörfchen Koromilia empor, davor an den Fuß des Berges geschmiegt das Dorf Diava. Halbrechts unter uns liegt das Dorf Kastraki, dahinter machen wir den Fluss Pinios aus. Ganz rechts erkennen wir das schmucke

---

Agios Nikolaos Bantova
Spindel von Kastraki aus gesehen
Aufstieg zum Heilig-Geist-Felsen

Doupiani-Kirchlein vor dem gleichnamigen Fels sowie das nördliche Meteora-Massiv, auf dem sich das Hauptkloster Metamorfosis sowie Varlaam befinden. Das Kloster Rousanou können wir ganz rechts durch einen Spalt zwischen zwei Felsen erkennen.

Nach einer kleinen Rast setzen wir unseren Weg fort und erreichen die ersten Häuser des oberen Teils von Kastraki. Es sind einfache Häuschen in engen Gassen, einige sind bereits verfallen. Weiter abwärts zum Zentrum hin sind allerdings mehrere historische Herrenhäuser im alten Stil renoviert. Sie werden vermietet bzw. dienen als Hotel oder Taverne. Man bekommt immerhin einen guten Eindruck, wie es früher einmal in diesem Bergdorf ausgesehen haben mag.

Wir biegen rechts ab und gehen bergauf bis zur Kirche Agios Nikolaos. Dort beginnt ein Treppenpfad, der uns zu einem weiteren Kirchlein Panagia Koimesis Theotokou führt. Von hier aus klettern wir einen Trampelpfad bis zur Spindel ❸, einer aufragenden Felsennase, die wegen ihrer eigentümlichen Form so genannt wird. Sie dient oft Kletteranfängern als Übungsgelände. Von mehreren Punkten in Kastraki aus, unter anderem vom zentralen Kirchvorplatz, ist sie prominent zu sehen.

Wir gehen den Weg zurück bis zu den ersten Häusern und halten uns rechts, bis wir ein Hinweisschild mit einem Salamander sehen. Wir folgen dem Pfad bergab und biegen an der Gabelung ❹ nach rechts ab, links geht es ins Dorf. Nun durchqueren wir ein

Agios Nikolaos Anapavsas
Panagia Doupiani

kleines Tal mit verlassenen Gebäuden, steigen wieder auf und wandern über Wiesen bis zum Fuß des Heilig-Geist-Felsens. Wir folgen dem gekennzeichneten Pfad bis zu einer Gabelung. Links hinauf geht es auf den Heilig-Geist-Felsen, der Weg ist teilweise mit einem Geländer gesichert und nur etwas für Leute ohne Höhenangst, denn es geht sehr steil hinauf. Auf dem Plateau sieht man die Ruinen alter Klostergebäude. Der Ausblick auf Kastraki und darüber hinaus ist überwältigend.

Der sicherere Weg geht rechts weiter hoch bis zum Sattel, von wo aus wir nun auf die nördlichen Meteoraklöster Metamorfosis, Varlaam und Rousanou blicken. Beim Abstieg halten wir uns ganz nah am Fels und biegen praktisch links um ihn herum. Wir stehen direkt vor dem alten Mönchsgefängnis ❺, zu dessen Höhlung wir hochklettern. Wir können uns gut vorstellen, weshalb ein Mönch hier wohl „einsitzen" musste: Diebstahl, Götzendienst, Bilderverehrung, fleischliche Lust, Ketzerei... Mönche waren und sind auch nur Menschen!

Wir steigen nun das Paleokraniestal hinab, bis wir an einem Pumphäuschen ❻ herauskommen. Kurz davor können wir uralte Bäume bewundern. Am Häuschen können wir links nach Kastraki gehen, wenn wir müde sind. Rechts hinauf kommen wir nach zehn Minuten zum Kloster Agios Nikolaos ❼.

Auf dem Rückweg auf der Straße besichtigen wir am Ortseingang von Kastraki das kleine Kirchlein am Doupianifels ❽, eines der ersten Gebäude, die in der Meteoragegend von Mönchen errichtet wurden.

Vom Kirchlein kommend überqueren wir die Hauptstraße, durchqueren ein kleines Tal und biegen an der Grundschule rechts ab. In wenigen Minuten sind wir am Kirchplatz in Kastraki ❾ und kommen von dort auf bekannten Wegen nach Kalabaka (siehe Route 2, 3).

4. Wanderroute: Über den Liegenden Kater rund um die Meteorafelsen (Agios Ipapantis, Agios Varlaam, Agios Metamorfosis)

Auf dieser Wanderung gehen wir rund um die Meteorafelsen herum, alle Wege sind gefahrlos auch für Nichtkletterer. Wir haben unterwegs Gelegenheit, das älteste Kirchlein der Region sowie ein im Fels verborgenes Kloster zu besichtigen. Die Rückkehr erfolgt mit dem Bus am Kloster Metamorfosis. Dauer etwa 2 ½ Std.

Wir beginnen unsere Wanderung im Zentrum Kalabakas und gehen zum Nachbarort Kastraki. Dieses Mal folgen wir der Hauptstraße, bis rechts an einer kleinen Bäckerei die Straße hoch zum Dorfplatz Kastraki geht. Wir durchqueren den Ort und biegen an der Schule links ab, talabwärts und gleich wieder aufwärts. Wir überqueren die Hauptstraße und sehen rechts über uns das kleine Doupiani-Kirchlein ❶, das älteste Überbleibsel von den Anfängen der Mönchsbesiedelung im Mittelalter (1160). Hier sollen sich die Mönche regelmäßig versammelt haben, von hier aus haben sie das gesamte Gebiet nach und nach erschlossen. Wir gehen wieder auf der kleinen Straße hinab, wenden uns nach rechts und gelangen zum Nachbarfels, dem „Liegenden Kater" ❷. Er erstreckt sich sanft von Süden nach Norden und ist sehr leicht zu ersteigen. Von oben haben wir einen herrlichen Aus-

---

Liegender Kater
Kloster Ipapantis
Paleokraniestal

blick auf Kastraki sowie die nördlichen und südlichen Meteorafelsen. Der Abstieg an der Nordseite neben dem Doupianifels ist etwas steiler, aber keineswegs gefährlich. Wir gelangen auf einen Feldweg, dem wir nach links folgen. Die Asphaltstraße überqueren wir und gehen leicht bergauf in Richtung auf die markanten Türmchen der westlichen Meteorafelsen. Links oberhalb des Weges erblicken wir alte Höhlen, die heute gelegentlich als Unterstand für Vieh und Hirten dienen. Unmittelbar vor den beiden linken Nachbartürmchen ❸, tut sich eine Rille auf, durch die wir bequem auf die andere Seite der Felsen gelangen. Hier haben wir augenblicklich eine ganz andere Sicht, es herrscht eine veränderte Atmosphäre. Wir schauen auf Schafsfarmen, hören in der Ferne ihre Glöckchen, aber natürlich auch Motorengeräusche diverser bäuerlicher Tätigkeiten. Wir laufen auf einem recht breiten Wanderweg am Hang der Felsen, unter uns verläuft die Asphaltstraße zu den Gehöften. Links vom Weg tauchen immer wieder große Wiesen auf, eine Tränke. Manchmal läuft uns eine Herde Kühe vor die Füße, sehr gutmütige, ein wenig ängstliche Tiere. Zweimal geht es tief hinab ins Tal eines Bächleins, die bis etwa Mitte April und ab Ende Oktober Wasser führen.

In der heißen Sonne ist es hier immer wohltuend kühl. Wenn es im Frühling oder Herbst regnet, sitzen alle 20 Meter Feuersalamander auf dem Weg, die sich sehr träge und unbeholfen davon machen. Unten an der Straße kann es einem schon mal passieren, dass eine Hundemeute von zehn bis fünfzehn mittelgroßen Tieren zähnefletschend zum Angriff anstürmt. Man sollte immer einen Stock dabei haben, die Tiere weichen sofort ängstlich zurück.

Vom Waldweg kommen wir auf eine Sandstraße, der wir nach rechts aufwärts folgen, um den steilen Felsen herum, in den das verborgene Kloster Ipapantis ❹ gehauen wurde. Es besitzt mittlerweile einen Fahrstuhl und ist im Innenbereich komfortabel ausgebaut. Es ist zur Zeit leider nicht zu besichtigen.

Wir gehen an dem malerischen Kloster vorüber bergauf und biegen am Fuß des Aufstiegs zunächst links ab. Wir gelangen auf eine Hochfläche, auf der das Denkmal des Freiheitskämpfers von Vlachava ❺ unsere Aufmerksamkeit auf sich zieht. Es erinnert an die Kämpfe der griechischen Freiheitshelden gegen die osmanischen Fremdherrscher. Wir gehen zurück zum Abzweig und folgen nun dem Pfad, der uns schnell an Höhe gewinnen lässt. Unterwegs sehen wir die eine oder andere Kuhle, in der sich regelmäßig Wildschweine suhlen. In einigen Kilometern Entfernung von den Meteorafelsen sind sie gelegentlich am hellen Tage zu sehen, in der Touristenregion verständlicherweise nur sehr selten nachts.

Nach wenigen Metern erreichen wir eine kleine Hochfläche und umrunden nun ein trichterförmiges tiefes Tal. Alle paar Meter haben wir eine neue Blickperspektive auf die in der Tiefe gestaffelten Felsformationen. Hier herrscht völlige Stille, obwohl wir nur noch 15 Minuten von der Hauptschlagader entfernt sind, der Zufahrtstraße ❻ zu den beiden wichtigen Klöstern Varlaam und Metamorfosis. An manchen Tagen brausen

bis zu hundert Busse und unzählige PKW's hinauf. Ganze Reisegruppen bewegen sich im Schneckentempo, sich lauthals unterhaltend, die Treppen hinauf.
Am Ende des Kessels sind es nur wenige Schritte bergauf und wir hören deutlich Motorengeräusche, blicken hinab auf die Straße und das Kloster Varlaam. Hier endet unsere Wanderung, die Rückfahrt erfolgt mit dem Bus ab dem Kloster Metamorfosis ❼, wenige Meter bergauf.

Kloster Metamorfosis (Megalo Meteoro)

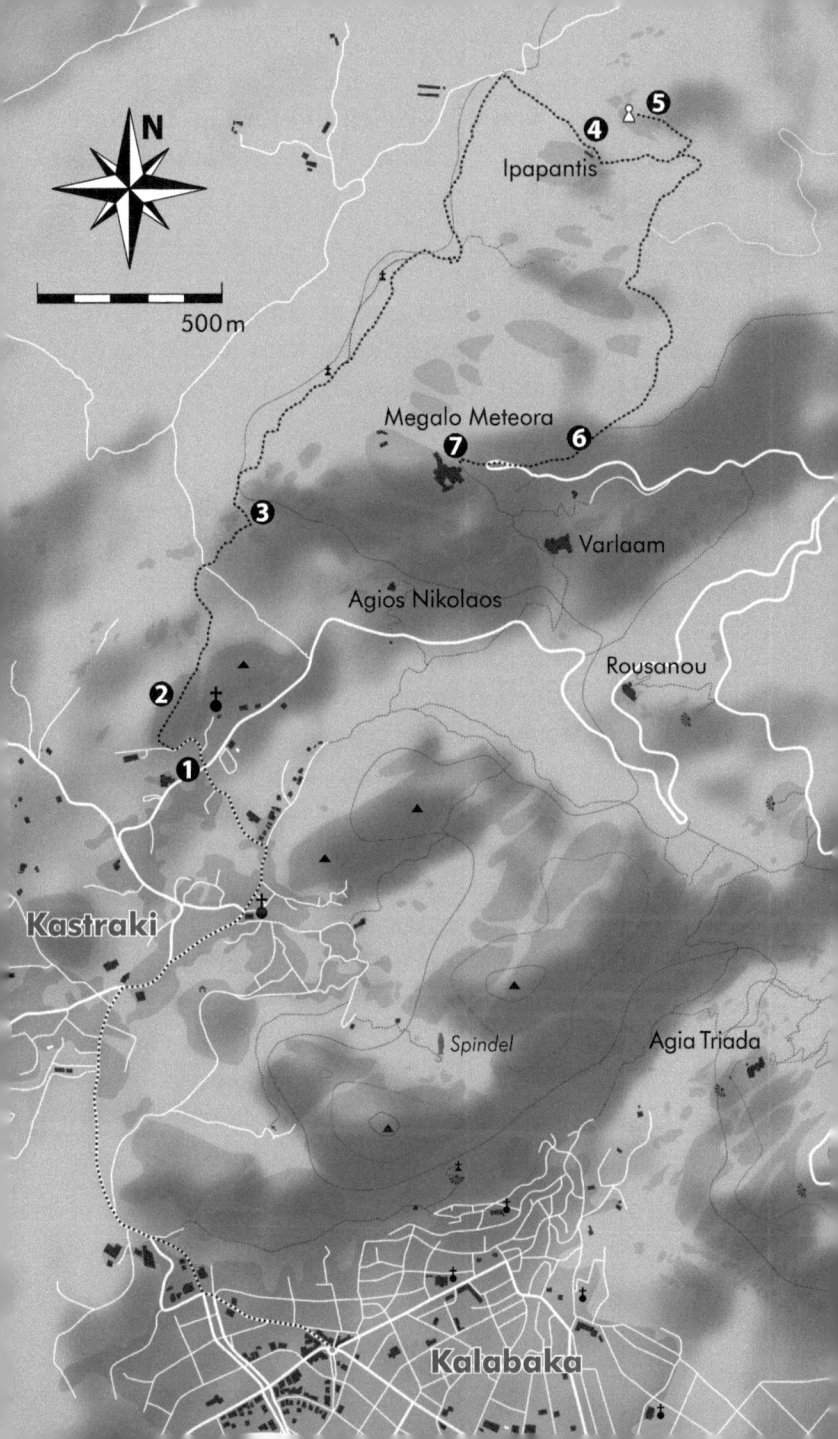

5. Wandertour: Von den großen Klöstern ins bergige Hinterland (Agios Varlaam, Agios Metamorfosis, Agia Triada)

Auf dieser Wandertour entfernen wir uns relativ weit von den Meteoraklöstern und gewinnen ganz neue Ausblicke auf sie. Es besteht unterwegs die Gelegenheit, drei Klöster zu besichtigen. Die reine Wanderzeit beträgt etwa 3 bis 3 ½ Stunden.

Wir fahren mit dem Bus bis zum Kloster Metamorfosis ❶. Dort steigen wir auf den gegenüberliegenden Fels, an mehreren Stellen gibt es regelrechte Tritte. Wir gehen auf einem schmalen Pfad Richtung Osten und lassen das Kloster Varlaam unter uns. An der Weggabelung ❷ nehmen wir den rechten Pfad, links geht es hinab zum versteckten Felskloster Ipapantis (siehe Route 4). Links genießen wir eine schöne Aussicht auf das ferne Pindosgebirge, rechts blicken wir hinab auf die Serpentinen des Klosterzubringers. Nun steigen wir einen Hügel hinauf und gelangen auf eine kleine Wiese und schließlich auf eine große Hochfläche ❸ zwischen den Klöstern und dem Dorf Vlachava. Den Ort kann man in der Ferne ausmachen. Vom höchsten Punkt der Wiese kann man bei guter Sicht den Olymp sehen.

Für Ornithologen besteht die Gelegenheit, eine seltene Geierart, den ägyptischen oder Schmutzgeier (Neophron percnopterus) zu beobachten (siehe auch

---

Kloster Metamorfosis (Megalo Meteoro)
Fernblick nach Nordosten
Agia Triada vor dem Koziakasgebirge

Illustration Seite 6). Jedoch wurde von der einst bejagten und heute unter Schutz stehenden Vogelart im Jahr 2018 nur noch ein einziges Paar gesichtet.

Auf der Wiese verläuft ein Feldweg, dem wir zunächst folgen. Auf diesem Terrain findet alljährlich das Meteora Track Race (MTR) statt, ein Querfeldeinlauf des höchsten Schwierigkeitsgrads, der rund um Kalabaka durch die bizarre Bergwelt führt. Er wird von Läufern aus vielen Ländern besucht und findet zum Ochi-Tag (28. Oktober) statt.

An einem kleinen Heiligenbildkirchlein (Proskinitario) verlassen wir den Weg und gehen rechts auf der Wiese bergab. An einer Viehtränke ❹ vorbei tasten wir uns an einem schmalen Rinnsal entlang, es braucht hier ein wenig Orientierung. Wenn wir das Rinnsal, welches die längste Zeit im Jahr freilich trocken liegt, links unter uns liegen lassen, sollten wir den Weg nicht verfehlen. Nach wenigen Minuten gelangen wir auf eine Bergwiese, die wir überqueren. Es versteht sich, dass wir uns auf keinen Fall vor den Kühen fürchten müssen, die wir auf diesem Abschnitt unserer Wanderung jederzeit antreffen können.

Von der Wiese gelangen wir wieder in einen Laubwald und nach weiteren zehn Minuten kommen wir an der Straße von Kalabaka nach Vlachava ❺ heraus, oberhalb der Abzweigung zu den Klöstern Agia Triada und Agios Stefanos. Wir haben nun die Möglichkeit, links bergauf an der Straße zu gehen, um nach wenigen hundert Metern zum Ausflugsgebiet Tzertzi zu gelangen, einem ausgedehnten Areal mit Sitzgelegenheiten, Holztischen, einer gepflasterten Tanzfläche (!)

sowie einem kleinen Kirchlein. Hier feiern die Einheimischen den 1.Mai bei Speis und Trank und Gesang.
Eine weitere schöne Raststelle bietet sich uns an, wenn wir hundert Meter bergab gehen von der Stelle, an der wir heraus kamen. Oberhalb einer Viehtränke, die direkt an der Asphaltstraße liegt, lädt eine Wiese zu einem Picknick ein.
Nun machen wir uns auf den Heimweg. Dafür überqueren wir die Straße und benutzen den alten Pfad links unterhalb derselben. Es geht vorbei an alten Bäumen, durch Gebüsch, auch mal auf schmalem Grat am Abhang entlang (man kann diesen Teil nebenan auf der Straße zurücklegen, wenn man nicht über die nötige Trittsicherheit verfügt!). Schließlich erreichen wir eine große steinige Wiese, an deren Ende die Spitzkehre ❻ der Straße von Kalabaka nach Vlachava sowie der Abzweig zu den Klöstern Varlaam und Metamorfosis zu sehen ist. Wir bleiben im oberen Bereich der Wiese und finden leicht den Weg, der oberhalb der Straße entlang führt. Er bringt uns bis zur Abzweigung direkt gegenüber dem Stefansberg ❼. Hier nun können wir wählen, ob wir den Stefansberg herum nach Kalabaka gehen (siehe Route 1) oder den Abstieg am Kloster Agia Triada nehmen (wie Route 1 in entgegengesetzter Richtung)!

6. Wandertour: Über die Drachenhöhle zu den großen Klöstern (Agios Nikolaos, Agios Varlaam, Agios Metamorfosis)

Auf dieser Route haben wir die Gelegenheit, mehrere Klöster zu besuchen. Der Rückweg kann entweder mit dem Bus angetreten werden oder auf einem der schon beschriebenen Teilabschnitte. Der Hinweg dauert 1 bis 1 ½ Stunden, mit Rückweg etwa 3 Stunden.
Wir gehen von Kalabaka aus nach Kastraki, ganz wie es uns beliebt, durch den oberen Teil des Ortes oder an der Hauptstraße entlang, bis zur Hauptkirche Peter und Paul ❶ am Kirchplatz. Westlich und südlich des Platzes finden wir mehrere Tavernen für den kleinen und großen Appetit oder einen Umtrunk. Nördlich davon steht das Geologische Museum für die Wissbegierigen. Wir gehen am Hauptplatz vorbei und erblicken hoch oben rechts an einer Felsnische des Heiliggeistfelsens bunte Tücher aufgehängt. Alljährlich am 23. April steigen junge Leute aus dem Dorf von der Kirche des Heiligen Georg des Drachentöters aus zum Fels empor, wo sich die Überreste des alten Klosters des Heiligen Georg Mandilas ❷ befinden. Das ganze Dorf kommt zusammen, um mit dem Popen die Liturgie zu verrichten und danach an langen Tafeln Kuchen, Kaffee und Wein zu verzehren. Was die festen kirchlichen Feiertage betrifft, hält sich die griechische orthodoxe Kirche an den Gregorianischen Kalender, feiert also am 25. Dezember das Weihnachtsfest und am 23. April den Tag des Heiligen Georg. Die übrigen orthodoxen Kirchen dagegen, z.B. auch die russische

und serbische, feiern Weihnachten am 7. Januar sowie den Heiligen Georg am 6. Mai.

Wir setzen unseren Weg fort in nördlicher Richtung aus dem Ort hinaus, sozusagen direkt auf die Meteorafelsen zu. Links geht es relativ steil hinab, ein Wasserlauf sammelt die Bergrinnsale und führt sie zum Pinios. Der Weg macht einige Kehren durch ein kleines Tal und steigt wieder an. An dieser Stelle gibt es einen Abzweig, an dem wir links in fünf Minuten am Kloster Agios Nikolaos Anapavsas ❸ sind. Rechts erreichen wir kurz darauf die Asphaltstraße, die wir überqueren. Leider ist die schöne Bank an dieser Stelle nicht wieder ersetzt worden, nachdem Brett auf Brett morsch wurde und abfiel. Deshalb wandern wir gleich weiter bergauf. Schon nach wenigen Metern gehen wir auf einer nachgebauten Steinbrücke über ein nichtexistentes Hindernis. Sie wirkt doch ein wenig deplatziert und aufgesetzt. Auf halber Höhe erblicken wir rechts über uns die Drachenhöhle ❹, zu der ein kleiner Pfad führt. Wir können hinaufsteigen und die geräumige Höhle bewundern. Ihr zackiger Umriss ist von weitem zu erkennen, sowohl von der Asphaltstraße als auch von den gegenüberliegenden Wanderpfaden.

Nach der Inspektion der Höhle steigen wir weiter auf. An „schlechten" Tagen hören wir schon bald einen „Höllenlärm", d.h. ziemlich viele und laute Touristenstimmen. Das ist nichts für meditative, religiöse Pilger! Aber das wissen wir ja im Voraus, dass wir uns

---

Kloster Agios Georgios Mantilas
Kloster Varlaam, Drachenhöhle (ganz unten)

diese magischen, inspirativen Stätten teilen müssen – mit ungefähr 2 bis 3 Millionen Menschen jährlich und natürlich müssen sie alle einmal durch die wichtigsten Klöster geschleust werden. Es versteht sich, dass nicht alle von ihnen einen Grundkurs in religiösem Anstand durchlaufen haben, so dass man schon mal um Ruhe bitten muss, wenn am wichtigsten Feiertag im ganzen Jahr, zu Ostern, während (!) der heiligen Liturgie direkt vor dem Eingang der berühmtesten Kirche am Ort ein Trupp niederländischer Touristinnen einen dermaßen großen Lärm veranstaltete, dass es in der Kirche überdeutlich zu hören war. Zum Glück hat fast niemand den Inhalt der Unterhaltung verstanden!

An der Gabelung des Pfades ❺ müssen wir uns nun entscheiden: links geht ein etwas steilerer Weg zum Kloster Metamorfosis, rechts ein sanft steigender zum Kloster Varlaam.

Nach der Besichtigung eines Klosters können wir entweder mit dem Bus zurück nach Kalabaka fahren oder, wenn wir noch genügend Energie haben, den Abstieg zu Fuß machen. Dazu bieten sich längere Varianten an: Abstieg zum verborgenen Kloster Ipapantis und Wanderung um die Felsen nach Kastraki (Route 4 entgegengesetzt) oder kürzere: Abstieg über die Katzenkirche sowie Aufstieg an der Rousanou-Spitzkehre (Route 2 entgegengesetzt).

7. Wandertour: Über die Schäferei zum Kloster Agios Rousanou (Agia Triada, Agia Rousanou)

Auch auf dieser Route streifen wir mehrere Klöster. Außerdem laufen wir durch dichtes Buschwerk und sehen im Tal eines Flüsschens uralte Bäume.
Dauer 2 ½ Stunden.
Wir nehmen den Fußpfad zum Kloster Agia Triada am nordwestlichen Rand von Kalabaka, oberhalb der byzantinischen Kirche (siehe Route 1). Nach zwei Dritteln des Weges liegt ein großer Felsen mitten im Wege ❶, dort biegen wir links in einen kleinen Hohlweg ein.
Hinweis: Wer das Kloster Agia Triada besuchen möchte, steigt etwas weiter hinauf und kehrt danach zum Ausgangspunkt zurück. Der Pfad ist ein wenig uneben, an zwei, drei Stellen bedarf es einer gewissen Trittsicherheit. Er ist aber ungefährlich, wenn man vernünftiges Schuhwerk trägt. Wir gehen unterhalb der Asphaltstraße zum Kloster Agios Stefanos leicht bergauf, kommen der Straße sehr nahe und gehen dann bergab auf eine Bergwiese. Gelegentlich treffen wir auf eine Ziegenherde oder eine Kuh. Somit macht diese Lokalität ihrem traditionellen Namen „Schäferei" keine Ehre mehr, die Zeit der Schafherden an dieser Stelle ist vorüber!
Unten auf der Wiese ❷, am kleinen Bächlein, wenden wir uns nach links hoch und wandern nun auf einem

---

Kloster Rousanou
Klostergarten
Ausblick mit den Klöstern Agios Nikolaos, Rousanou, Metamorfosis

schmalen Pfad unterhalb der Asphaltstraße zum Kloster Metamorfosis. Er bietet immer wieder schöne Aussichten, besonders an seinem höchsten Punkt: im Süden sehen wir das Kloster Agia Triada sowie dahinter, weit unten, Kalabaka; im Westen liegen nacheinander aufgereiht die Felsformationen des mittleren Massivs, auf denen keine Klöster erhalten sind; im Norden fällt unser Blick auf die Klöster Rousanou und Varlaam; im Osten schließlich erblicken wir den Stefansberg und dahinter das weite Hinterland Richtung Trikala.

Wir halten uns an dieser höchsten Stelle rechts und gelangen zur Asphaltstraße, der wir links abbiegend folgen. Nach wenigen Metern erreichen wir einen „offiziellen" Aussichtspunkt ❸, an dem nicht selten großes Gedränge (und Geschrei) herrschen, freilich ist die Aussicht hier noch spektakulärer als die gerade eben beschriebene, dafür weniger meditativ zu genießen.

Wir gehen nun einige Hundert Meter auf der Straße weiter und gelangen an einen weiteren Aussichtspunkt ❹ mit spektakulärer Sicht. Es gilt das gleiche, wie für den vorigen. Unmittelbar dahinter geht ein Treppenpfad hinab zum Nonnenkloster Rousanou. Wir reihen uns ausnahmsweise in den Touristenstrom ein und wandeln abwärts bis zu den Klostergebäuden die wir besuchen können ❺.

Unten an der Straße angekommen, wenden wir uns nach links, also weiterhin bergab. An der Spitzkehre ❻ befindet sich ein kleines Plätzchen, welches für Wanderer oder Kletterer gern als Parkplatz genutzt

wird. Im Gegensatz zu uns fahren sie sozusagen „bis vor die Haustür" und erwandern nur einen kleinen Teil unserer Touren. Am Rande dieses Platzes geht ein Pfad hinab in eine Senke. Hier gibt es zwei Wege: einer geht direkt bergauf und führt über den Kamm nach Kalabaka (siehe Route 2 entgegengesetzt), wir nehmen den anderen, der zunächst parallel zur Straße im Graben verläuft und dann sanft bergauf führt. Wir bewegen uns nun oberhalb des Paleokranies-Tals. Zur linken blicken uns die Felsen des Heiliggeist-Massivs mit dem Mönchsgefängnis an, zur rechten sehen wir auf der gegenüber liegenden Seite die Drachenhöhle, darüber das Kloster Varlaam, ganz rechts Rousanou, wo wir gerade herkommen. Wir kommen schließlich ins Tal hinunter, vorbei an uralten Bäumen. Am Pumphäuschen ❼ kommen wir auf den Weg nach Kastraki, den wir von anderen Touren schon kennen (Routen 2,3). Durch Kastraki gehen wir zurück nach Kalabaka.

8. Wanderroute: Im Triskianostal

Auf dieser Route verlassen wir das Gebiet der Meteorafelsen und wandern ins Nachbartal, wo wir einen Rundweg über Bergkämme, Hohlwege, vorbei an skurrilen Felsformationen zurücklegen. Mehrmals bieten sich uns herrliche Panoramablicke. Dauer der Wanderung 5 bis 5 ½ Stunden.

Wir starten im Zentrum Kalabakas und gehen in den Nachbarort Kastraki. Beim Abzweig zum Zentrum bleiben wir auf der Hauptstraße, biegen dann die nächste Straße links davon ab, beim Hotel Meteoritis (vielleicht benannt nach einer neuartigen touristischen Erkrankung?). Dieser Straße folgen wir durch den westlichen Teil des Ortes und werfen von weitem einen Blick auf das Fünf-Sterne-Hotel „Meteora", nicht zu verwechseln mit dem gleichnamigen familiären Hotel in Kalabaka! Wir kommen am Friedhof vorbei, überqueren einen kleinen Pass und gehen hinab in den dörflichen Teil von Kastraki ❶. Die Asphaltstraße, auf der wir gehen, ist kaum befahren. An der vielbefahrenen E 92 von Larissa nach Ioannina befindet sich zur Zeit eine Großbaustelle, an der wir bis zu einer Taverne mit großem Parkplatz vor dem Haus entlanggehen. Dort biegen wir rechts in den Weg ein (Wegweiser Agia Paraskevi) ❷.

Die zunächst sanften Hügelketten türmen sich rechterhand langsam zu einem hohen Massiv auf („Hafersäcke", „Drachenfelsen"). Unser Weg führt uns an einem ausgetrockneten, steinigen Flussbett entlang, das von großen, alten Eichen bestanden ist. Im Winter

und nach der Schneeschmelze kann sich ein reißender Gebirgsbach bilden, bis März führt er Wasser.
Durch ausgedehnte Wiesen und Weiden kommen wir tiefer ins Triskianostal, das mittlerweile von größeren Photovoltaikanlagen gesäumt wird. Manchmal sehen wir eine Schafsherde in der Ferne, mittelgroße Hunde belauern uns aus gebührendem Abstand. Sie sind meistens gutmütig, es empfiehlt sich freilich, auf allen Wanderungen einen Stab bei sich zu führen.
An einer Gabelung halten wir uns rechts und gelangen nach 15 Minuten durch ein Wäldchen auf eine große Wiese. Das Kirchlein Agia Paraskevi ❸ ist ein Überbleibsel der alten Siedlung Paliohori, von der sonst nichts mehr zu sehen ist. Wir überqueren die Wiese aufwärts und gehen am linken oberen Rand über einen Waldweg bergauf und erreichen nach etwa 500 Metern die Schafsfelsen ❹, eine lose Formation einzelner Blöcke bzw. Spitzen. Wir gehen auf schmalem Pfad Richtung Osten und wenden uns nun in südlicher Richtung leicht am Hang entlang. Schließlich erreichen wir den Drachenfelsen ❺, von wo aus wir eine schöne Aussicht genießen können. Wir setzen unseren Weg in südwestlicher Richtung auf einem schmalen Grat fort und erreichen die Hafersackfelsen ❻, die uns nochmals eine weite Sicht auf das Umland gönnen.
Der Abstieg erfolgt über einen Pfad links hinab, der bald einen Rechtsbogen macht und in einen Waldweg

---

Hafersäcke
Schafsfelsen, Drachenfelsen im Triskianostal
Auf den Hafersäcken

übergeht. Ihm folgen wir bergab etwa 20 Minuten, bis wir tief unten eine Bachniederung ausmachen. Wir steigen vorsichtig hinab, es ist relativ steil, durchqueren die Senke und steigen am anderen Ende auf in ein riesiges Weidegelände ❼. Wir halten uns rechts vom Tal des Flüsschens (meist trocken) und gelangen so zum dörflichen Teil von Kastraki zurück. An der Kreuzung beim ersten Gehöft ❽ gehen wir geradeaus durch einen weiten Bach (bei Hochwasser links über die Holzbrücke).

Vorbei an einem kleinen Gehöft gehen wir hinauf Richtung Meteorafelsen, die wir von weitem schon sehen. Immer wieder einmal sehen wir ein Schild „Jagen verboten" (Απαγορέυεται το κυνήγι), was erfahrungsgemäß darauf hindeutet, dass zumindest gelegentlich gejagt wird. (Man findet auch gar nicht wenige benutzte Patronen am Wegesrand!)

Oben an der Asphaltstraße ❾ halten wir uns rechts, umrunden die nordwestlichen Meteorafelsen und können uns nun entscheiden, wie wir unsere heutige Wanderung beenden. Entweder über den liegenden Kater (dann rechts vor dem Doupianifels abbiegen, siehe Route 4 entgegengesetzt) oder geradeaus bis zur Hauptstraße und dann rechts durch Kastraki nach Kalabaka.

Von Zeit zu Zeit trifft man sie hier am Wegesrand,
die salinos'sche Wanderratte – rattus thessalus

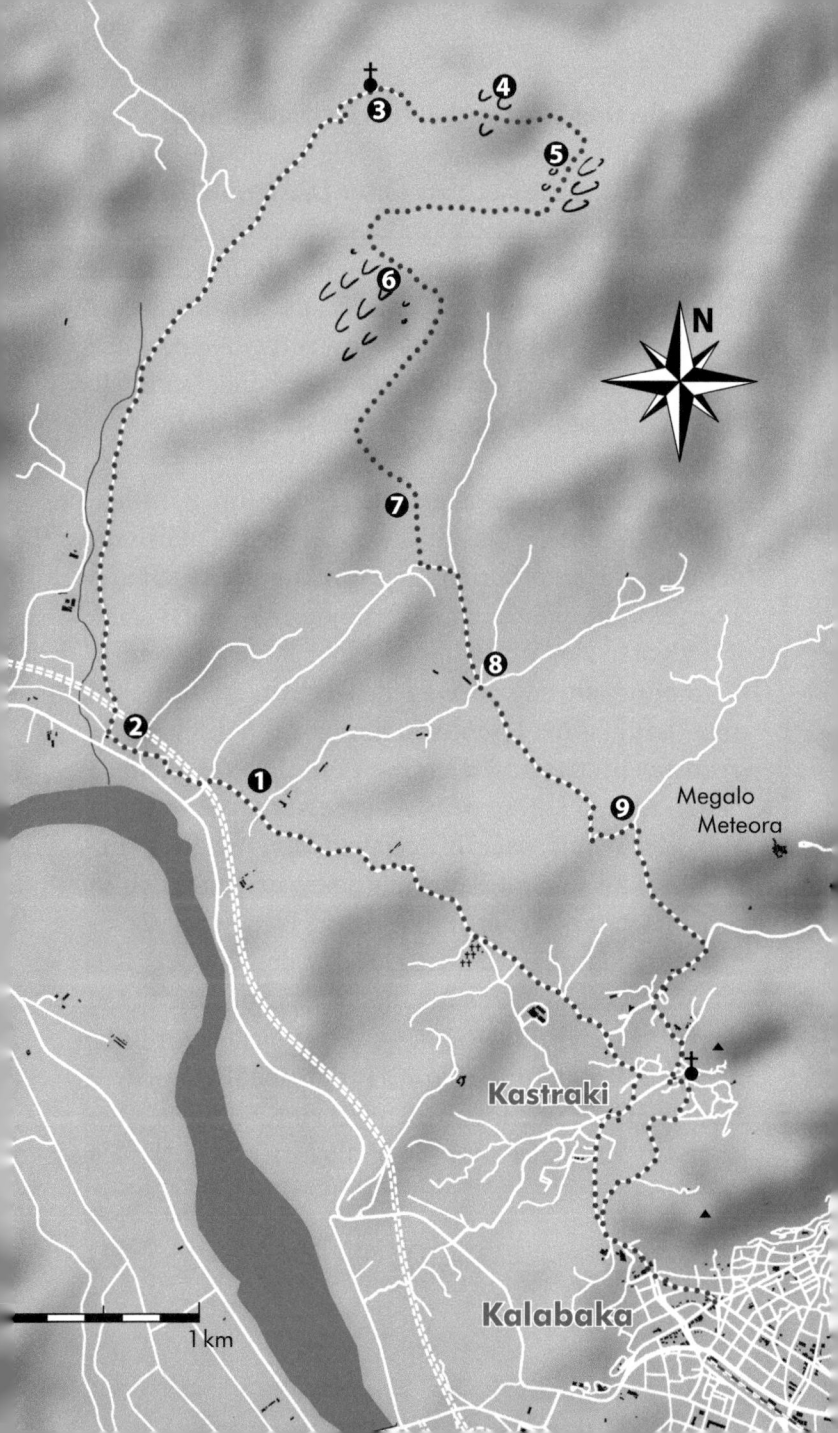

9. Wanderroute: Die Nachbardörfer Diava und Sarakina

Wir besuchen die Nachbardörfer Diava und Sarakina auf der anderen Seite des Flusses Pinios. Unterwegs können wir die Überreste eines römischen Kastells (Kastro) sowie eine alte Brücke aus byzantinischer Zeit besichtigen. Ein Quellfluss unter dichten Bäumen spendet auch im Hochsommer zuverlässig Schatten. Die Wanderzeit – vorwiegend auf Asphalt – beträgt ca. 3 ½ Stunden.

Vom Zentrum Kalabakas gehen wir zum Bahnhof, einem hübschen alten Gebäude aus dem 19.Jahrhundert. Von hier aus fahren Züge direkt nach Athen und Thessaloniki. Für einige Verbindungen muss man in Paleofarsalos umsteigen. Es gibt zwar nur wenige Verbindungen von hier zu den beiden Metropolen, aber dafür ist die Eisenbahn immer noch das billigste Transportmittel und auch die Pünktlichkeit hat sich in den letzten Jahren deutlich gebessert.

Wir gehen auf dem Bürgersteig bergauf Richtung Ioannina. Auch die Bahnlinie sollte ursprünglich in diese Richtung weiterführen. Diese Pläne aber strandeten irgendwo in den Abgründen der griechischen wirtschaftlichen Probleme in der Vergangenheit. Auf dem höchsten Punkt dieser Straße erblicken wir links über uns die kleine Kirche des Propheten Ilias auf dem Haushügel ❶. Von hier haben wir eine herrliche Aussicht auf Kalabaka und die südlichen und östlichen

---

Quelle bei Diava
Gesamtansicht Kalabaka und Meteora
Brücke in Sarakina

Meteorafelsen, nach Westen schauen wir auf den Pinios und das ferne Pindosgebirge, im Süden auf das Koziakasgebirge mit den vorgelagerten Dörfern Diava und Sarakina, die wir besuchen wollen. Kurz unter dem Gipfel machen wir die Sommerhäuser von Koromilia aus.

Wir gehen einige Meter an der Hauptstraße entlang, vorbei am Krankenhaus, vor dem ein Kiosk sowie Obst- und Gemüsehändler ihre Ware anbieten und biegen dann nach links ab Richtung Stadion. Die griechische Fußballsaison beginnt im Herbst und endet früh im Jahr wegen der großen Hitze von Mai bis September.

Am Stadion biegen wir rechts ab und passieren die Sporthalle. Leider müssen wir jetzt bis Diava an einer mäßig befahrenen Straße entlang gehen. Hin und wieder gibt es breitere Randstreifen, so dass das Wandern erträglich ist. Schon nach wenigen hundert Metern kommen wir zur Brücke über den Pinios ❷. Er ist einer der längsten Flüsse Griechenlands mit 217 km und beherrscht die thessalische Tiefebene. Die Quellflüsse befinden sich im südlichen Pindos, die Mündung ins Ägäische Meer nördlich von Larissa, unweit des Olymps. Hier, kurz vor Diava, sieht dieser Fluss die meiste Zeit des Jahres, vor allem während der Hauptsaison des Tourismus von April bis Oktober, völlig unscheinbar aus. Er führt im Sommer kaum Wasser, so dass von „Fließen" keine Rede sein kann. Man kann hindurchwaten, um auf die andere Seite zu gelangen. Aber man täusche sich nicht: zur Zeit der Schneeschmelze kann der Pinios enorm anschwellen

und zum Ungeheuer werden. Vor wenigen Jahren (2016) hat der Strom im Frühjahr die Brücke völlig zerstört! Die Bewohner von Diava mussten große Umwege fahren, um nach Kalabaka zu kommen. Im Sommer fuhren die meisten mit ihren Autos, Traktoren oder Lastwagen durch seichte Furten, um Zeit zu sparen. Heute ist die neue Brücke fertiggestellt.
Der Fluss und seine unmittelbare Umgebung sind nicht eben einladend. Zwar liegt nur an wenigen Stellen Müll herum, diese Unsitte der Einheimischen wird nach und nach eingedämmt. Aber erstens gibt es keine richtigen Wege, und zweitens ist ja auch nichts Besonderes zu sehen, abgesehen von einigen Wasservögeln. Dafür muss man mit streunenden Hunden rechnen.
Auf der nördlichen Seite des Pinios beginnt das Dorf Diava, und zwar der industriell-handwerkliche Teil: Tankstelle, Kalkwerk, Sägerei, KFZ-Schlosser (hier kann man uralte vor sich hin rostende Traktortypen bewundern). An der Kreuzung können wir uns entscheiden, ob wir in den Ort hineingehen wollen oder lieber in der Natur bleiben. In Diava ist auf der Wiese eine völlig neue Kirche gebaut worden, selbstverständlich im klassizistisch-orthodoxen Stil. Für einen orthodoxen Christen ist fast undenkbar, wonach sich die westlichen Christen offenbar sehnen, sogenannte moderne Kirchenbauten zu errichten. Freilich sind z.B. in Deutschland manche dieser abstrakten Gebäude aus den 60/70er Jahren des vorigen Jahrhunderts auch schon wieder entweiht und für andere Zwecke verwendet. So etwas hat man von orthodoxen Kirchen noch nicht gehört!

Wenn wir den Ort rechts liegen lassen, gehen wir auf der schmalen Asphaltstraße Richtung Sarakina. Nach wenigen Hundert Metern zweigen wir rechts in einen Sandweg ab. Der Wegweiser wird immer mal wieder erneuert, er verspricht mehr Sehenswürdigkeiten (Ausflugslokal, Mountain Bike Strecke, Kastro, Quelle und einiges mehr!), als er halten kann, wie wir sehen werden. Jedenfalls erreichen wir nach 15 Minuten das erste Ziel, einen schönen Quellhain ❸ mit großen, schattenspendenden Bäumen und einem munter plätschernden Bächlein. Viele Einheimische kommen mit ihren Autos hierher, um mehr oder weniger zahlreiche Behältnisse mit dem Wasser zu füllen. Wenn der Grieche im ländlichen Bereich die Möglichkeit hat, sein Trinkwasser aus einer Quelle zu entnehmen, zieht er es immer dem Leitungswasser vor.

Nun gehen wir den Weg an der Quelle vorbei bergan. Je höher wir kommen, desto schöner bietet sich uns die Gesamtansicht auf die Meteorafelsen sowie auf den fünf Kilometer östlich gelegenen einsamen Fels von Theopetra. Wenn wir Glück haben, entdecken wir links in einem Gebüsch ein Hinweisschild „καστρο" oder finden gar rechts den schmalen Pfad, der uns zum Ort einer antiken Festung ❹ an einer strategisch wichtigen Position führt. Wie man leider feststellen muss, diente er wohl lange Zeit als natürlicher Steinbruch, ältere Strukturen sind für den Laien nicht mehr zu erkennen. Immerhin erahnt man in der Fan-

---

Verschneites Koziakasgebirge im Frühling
Griechische Landschildkröte
Therapetrafelsen

tasie einen Turm auf der Felsspitze und erkennt den strategischen Wert, denn man kann die gesamte Flussebene bis weit hinter Trikala kontrollieren.

Wir verlassen diesen tristen Ort und wandern bis zur Asphaltstraße, die von Agia Paraskevi nach Sarakina führt. Dort biegen wir links ab und gelangen an der Kreuzung zu der kleinen Kirche Agios Athanasios ❺, die am Fels errichtet wurde. Sie lädt zu einer schönen Rast ein.

Wir verlassen nun die Autostraße und halten uns links. Schon von weitem sehen wir die alte Brücke ❻ aus dem 15. Jahrhundert über den Pinios. Sie hat allen Katastrophen und Kriegen standgehalten, wird aber leider auch nicht gepflegt. Für Autos ist sie natürlich gesperrt, sicher fuhren auf ihr noch lange nach dem 2. Weltkrieg Bauern mit Pferdewagen oder Traktor hinüber. Durch ihren kühn geschwungenen Bogen war sie, im Gegensatz zu der neumodischen in Diava, nie in Gefahr, durch Hochwasser zerstört zu werden.

Wenn wir die Brücke überquert haben, befinden wir uns am Rande des Dorfes Sarakina. Gleich am Dorfeingang, links direkt am riesigen Felsen, befindet sich die kleine malerische Kirche Agion Apostolon ❼, vor ihr der Friedhof. Der Ort Sarakina bietet sonst keinerlei Sehenswürdigkeiten, so dass wir uns auf den Rückweg machen. Leider ist dieser Teil der Wanderung weniger attraktiv, wenn auch recht lehrreich. Wir überlassen es der Intuition oder der freien Wahl, die grobe Richtung ist klar, man kann „auf Sicht" gehen. Zur Auswahl stehen eine Asphaltstraße direkt nach Kalabaka, parallele Feldwege, das Streunen am Fluss (praktisch keine Wege) sowie streckenweise auf der aufgeschütteten Trasse einer (noch) nicht gebauten Umgehungsstraße. Hier kann man ruhigen Gewissens sagen: "Alle Wege führen nach Kalabaka!"

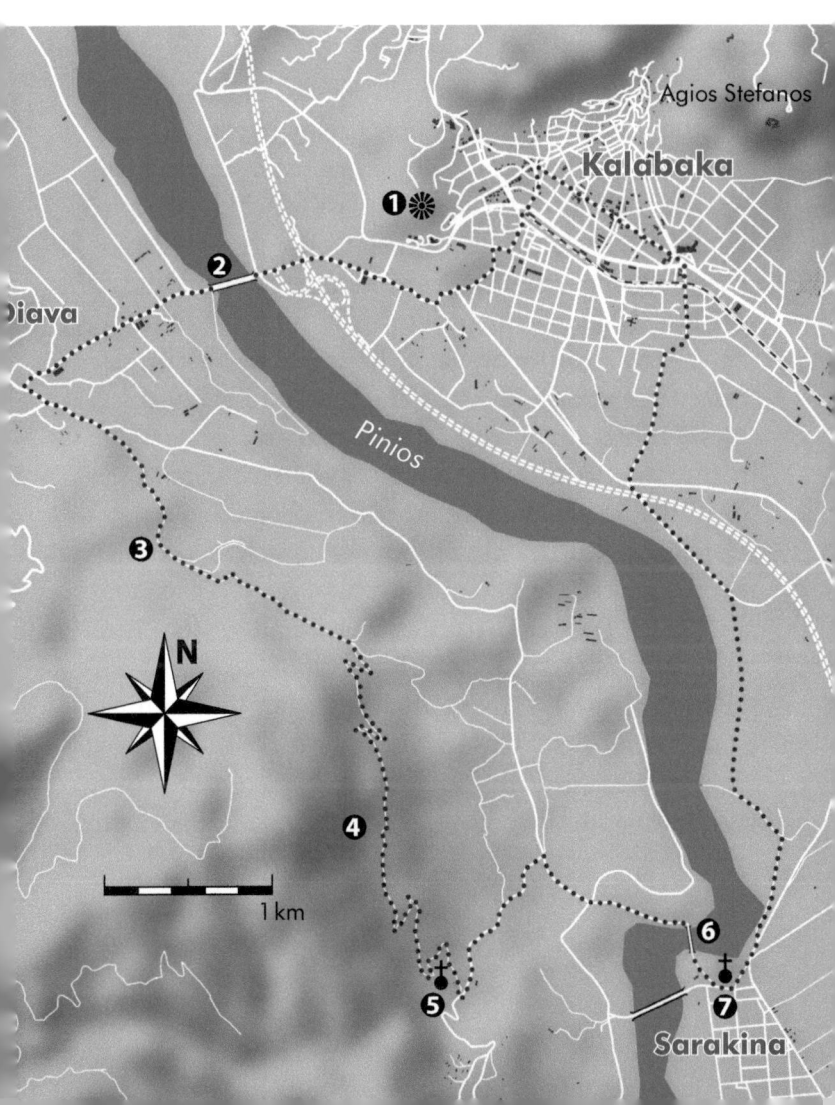

10. Wanderroute: Der Ort Kalabaka

Auf dieser Route lernen wir den Ort Kalabaka sowie seine unmittelbare Umgebung genauer kennen. Wir stellen einen Rundwanderweg vor sowie einige markante Punkte im Zentrum. Der Rundweg kann jederzeit unterbrochen oder beendet bzw. an anderer Stelle fortgesetzt werden.

Zunächst etwas zum Namen Kalabaka. Da gibt es nämlich im Deutschen zwei Schreibweisen: Kalabaka und Kalampaka, was nicht wenige dazu verleitet, das ‚p' deutlich auszusprechen. Das ist falsch! Der Name wird im Griechischen immer weich ‚b' ausgesprochen. Entstanden ist dieses Missverständnis durch die griechische Schreibweise „Καλαμπακα", buchstabengetreu also ‚Kalampaka'. Nun gibt es aber in der griechischen Schrift keine Buchstaben für „b, d, g", diese Laute kamen ursprünglich in dieser Sprache nicht vor, vielmehr die deutlich unterschiedenen „β, δ, γ". Wenn also aus fremden Sprachen ein „b, d, g" importiert wurde, musste man sich etwas ausdenken. Man einigte sich auf: μπ für ‚b', ντ für ‚d' und γκ für ‚g'. Deshalb wird das Bier μπιρα geschrieben, aber ‚bira' ausgesprochen. Daraus folgt also, dass der heutige Name für das Städtchen nicht griechisch ist, sondern aus dem Türkischen stammt, es kommt von ‚kalempak", „ordentliche Festung".

Wir starten am „Rathausplatz" ❶ (Town Hall Square), der

Büsten auf dem Rigas Feraios Platz
Kalabaka vor Sonnenaufgang
Byzantinische Kirche Koimesis tis Theotokou

seinen Namen vom „Δημαρχος", dem Bürgermeister, hat. Hier befindet sich ebenfalls eine Haltestelle der Meteorabuslinie, die in der Saison dreimal täglich von und zu den Klöstern fährt. Alle für den Touristen wichtigen Läden finden wir rund um den Platz: Café, Restaurant, Kiosk, Bäckerei, Souvenirläden, Touristeninformation, Krämer, Konditoreien, Hotels. In einer Seitenstraße befindet sich die Bücherei in einem hübschen Gebäude. Zum Busbahnhof geht man 5 Minuten.

Wir schlendern nun die Trikalonstraße hinunter, die Hauptachse Kalabakas. Wie der Name sagt, kommt sie aus der Bezirkshauptstadt Trikkala, verläuft schnurgerade durch den Ort, um am Rathausplatz als Ioanninon-Straße aus dem Ort hinaus in Richtung Ioannina zu führen. Der Durchgangsverkehr wird allerdings am Rande des Zentrums über die Pindou-Straße am Bahnhof vorbei geführt und kommt am westlichen Ende Kalabakas auf die Hauptstraße.

Grammatischer Exkurs zu den Straßennamen: die Bezugswörter der Namen stehen im Genitiv, dem 2.Fall, da sie in der Konstruktion „Straße des/der…" stehen. Die Trikalon-Straße ist also die „Straße der Stadt Trikkala", auf Griechisch „οδος των Τρικκαλων", kurz „Trikalon". So wird aus der „Straße des Pindos" durch den griechischen Genitiv „Pindou" die Pindou-Straße.

Im oberen Teil der Trikalon-Straße überwiegen normale Läden, es gibt nur wenige Shops touristischer Art. Allerdings müssen wir leider feststellen, dass Jahr für Jahr mehr Geschäfte schließen müssen. Teils sind das die langfristigen Folgen der verheerenden Wirtschaftskrise, die 2012 begann. Es liegt aber wohl auch an der veränderten Zusammensetzung der Touristen. Die meisten von ihnen werden in täglichen Busladungen am Ort vorbeigeschleust, indem sie nach dem Besuch der Klöster in großen Restaurants am Rande Kalabakas verköstigt werden, bevor es schnell weitergeht. Man mag sich gar nicht ausdenken, was nach den Corona-Jahren noch übrig bleibt oder auf völlig neuer Basis errichtet werden wird.

Wenn wir auf der Trikalon-Straße weiter laufen, kommen wir zum Platz Rigas-Fereos ❷, benannt nach dem Schriftsteller und Revolutionär Rigas Velestinlis, gebürtig aus Pherai. Hier trifft sich allabendlich Jung und Alt zum Plaudern und Flanieren. An Feiertagen kommt es zu Kundgebungen und Aufmärschen. Auf dem Platz sind die Büsten zweier regionaler Freiheitskämpfer aufgestellt.

In der Seitenstraße Chatzipetrou befindet sich das kleine, aber sehr interessante „Griechische Bildungsmuseum" (Greek Education Museum) ❸. Es beherbergt eine große Sammlung von Schul- und Lehrbüchern, Übersetzungen der griechischen Klassiker in andere Weltsprachen sowie einer nachgestellten Szene aus einem griechischen Klassenzimmer des 19. Jahrhunderts.

Bei unserem weiteren Gang gelangen wir nun in den „touristischen" östlichen Teil der Trikalon-Straße. Am Dimoula-Platz, der ein wenig lustlos wirkt, drängen sich Cafés und Snackrestaurants. Hier trifft sich die Jugend bei einem Drink.

Am Ende des engeren Zentrums sind links und rechts große Hotelanlagen, die von täglichen Busladungen beliefert werden. Die Menschen, die hier absteigen, bleiben selten länger als eine Nacht. Ihre Rechnung geht so: Anreisetag = 2 bis 3 Klöster, übernachten, weitere 2 bis 3 Klöster, Abreise.

Zwischen der Trikalon-Straße und der Durchgangsstraße Pindou befindet sich das Naturgeschichtsmuseum mit Dioramen und Informationen über Tierarten, das Ökosystem sowie einer Pilzsammlung ❹. Ein Besuch lohnt sich auf jeden Fall, z.B. an einem Regentag.

Wir biegen links von der Trikalon-Straße ab in die Zacharia Psyra bergauf, um zur großen, neugebauten Kirche Meteoron Pateron ❺ zu gelangen. Sie stellt einen schmucken Sakralbau dar, durchaus eine Augenweide für den Betrachter, auch wenn sie keine lange Tradition aufweisen kann. Dafür strahlt ihr Name Würde und Überlieferung aus: Kirche der Heiligen Väter von Meteora (Ιερός Ναός Οσίων Μετεωριτών Πατέρων).

Wir folgen der Straße bergauf bis zur Analipseos-Straße, in die wir links einbiegen. Sie führt uns zum Soldatenfriedhof mit dem Kirchlein Agios Demetrios ❻. Hier liegen Opfer des griechischen Bruderkrieges begraben, der unmittelbar mit dem Ende des 2. Weltkriegs einsetzte und bis 1949 andauerte. Der Friedhof ist nur am Ochi-Tag geöffnet (28.10.).

Von hier aus halten wir uns eher rechts und durchstreifen in kleinen engen Gassen ❼ einen der ältesten Teile der Stadt. Auf dem Stadtplan ist der Unterschied der Straßenführung gut zu unterscheiden. Der nördliche

Parade am Ochi-Tag
Taverne in Kalabaka
Rathaus

Stadtteil bis südlich zur Vlachava-Straße sowie anschließend der D. Liapidi- und Geka-Straße besteht aus einem unregelmäßigen Geflecht von Straßen und Gassen, die hangaufwärts angelegt sind. Die südlich davon liegenden Stadtteile sind mehr oder weniger geometrisch angelegt, rechtwinklig oder rhombisch. Der ältere Teil entspricht dem osmanischen Typ, der südliche neuere unterlag stadtplanerischen europäischen Kriterien.

Wir wenden uns nun dem Schmuckstück unter den Kirchen zu, der Byzantinischen Kirche Mariä Himmelfahrt (Ναός της Κοιμήσεως της Θεοτόκου) ❽ aus dem 12. Jahrhundert. Ein Besuch des Inneren ist unbedingt wegen der Wandmalereien zu empfehlen. Zwar ist der Bau an vielen Stellen stark ausgebessert, beinhaltet dafür einige interessante Spolien, v. a. an der Südfassade. Hinter der Kirche befindet sich die Kapelle Agios Pantos auf dem alten Friedhof. In der byzantinischen Kirche wird traditionell am Ostermontag die heilige Liturgie gefeiert. Oberhalb der Kirche verläuft eine schmale Straße, der wir nach links folgen. Wir laufen nun sozusagen am obersten Rand der Stadt entlang. Wir stoßen auf ein weiteres Kirchlein sowie Ruinen alter Häuser. Dies ist der älteste Stadtteil aus einer Zeit, als es noch keinen Tourismus gab. Damals kamen auch wohl viele Pilger in die Region, die in den Klöstern übernachteten.

Wenn wir weiter direkt am Felsen auf einem Pfad gehen, kommen wir an einem Picknickplatz oberhalb des Restaurants „Panorama" ❾ heraus. Wir können auch vorher abwärts gehen und erreichen dann die

Abkürzungsstraße unterhalb dieses Restaurants. Von dort ist es links weiter abwärts nur ein Katzensprung zum „Digital Projection Center of Meteora's History & Culture" ⑩, im Gebäude des früheren Volkskundemuseums (seit 2017). Hier bekommt man mit neuesten technischen Mitteln einen plastischen Eindruck von der Geschichte und Kultur der Region.

Wir gehen nun die Meteora-Straße hinunter und biegen rechts in die Ioanninon-Straße ein, der wir bis zur großen Kreuzung an der Pindou-Straße folgen. Gegenüber sehen wir den bewaldeten Haushügel ⑪ der Stadt, den wir als nächstes besuchen. Er ist, genau wie das Kirchlein Profitis Elias oben, unspektakulär, bietet aber neben verlässlichem Schatten auch in der größten Sommerhitze eine schöne Sicht auf die südlichen Meteorafelsen sowie das gesamte südöstliche Hinterland. Tief unten sehen wir im Osten das Freiluftkino sowie die dritte große Kirche Agios Vasilios, ebenfalls ein Neubau, im Süden das Stadion des hiesigen Sportvereins. Vom Pinios ist mangels Wasser kaum etwas zu sehen.

Wir verlassen den Philosophenhügel und schlendern ein paar Minuten an der Hauptverkehrsader, der Pindou oder E 92 entlang. Hier kommt der gesamte Durchgangsverkehr von Nordmittelgriechenland zur Westküste mit dem wichtigen Hafen Igoumenitsa durch. Entsprechend stark ist der Verkehr zu Stoßzeiten. Eine großzügige Umgehungsstraße östlich des Piniosflusses ist in Bau, die Trasse wurde in Route 9 erwähnt. Vom Bahnhof biegen wir links ab zurück zum Zentrum.

Die Klöstertour „Alle Sechs"

Auf dieser „klassischen" Tour wollen wir alle sechs bewohnten Klöster zumindest von außen beschauen. Besuchen könnten wir sie alle zusammen theoretisch ausschließlich an Wochenenden, denn in der Woche hat immer mindestens ein Kloster für die Touristen geschlossen. Auf der anderen Seite wäre es indes eine völlige Reizüberflutung, an einem Tag alle Klöster zu besuchen. Es gibt in jedem so viel zu besichtigen, man kommt auch mit Mönchen und Nonnen ins Gespräch – jedenfalls dann, wenn es nicht zu voll ist und man sich wirklich an der orthodoxen Religion interessiert zeigt.

Das Beste wäre also, diese Tour als große meditative Inspiration zu betrachten und als Höhepunkt das eine oder andere Kloster zu besuchen. Die Auswahl bleibt jedem selbst überlassen. Nachdem der Autor innerhalb zweier Jahrzehnte jedes Kloster fast ein Dutzend Mal besucht hat, steht die Reihenfolge eindeutig fest: alle auf Platz eins! Jedes hat seinen speziellen Reiz!

Alle Klöster wurden sowohl im Zweiten Weltkrieg als auch im anschließenden Griechischen Bürgerkrieg geplündert und ausgeraubt. Bis Anfang der 1960er Jahre standen sie leer und wurden von da an wieder bewohnt und nach und nach restauriert. Diese Arbeiten dauern bis heute an.

Wer möchte, kann die ganze Strecke zu Fuß zurücklegen. Alternativ kann man mit dem Bus am Agios Nikolaos Anapavsas beginnen und am Agios Stefanos enden.

Vom Zentrum Kalabakas brauchen wir etwa 35 Minuten zum Kloster Nikolaos Anapavsas ❶ (siehe Route 6). In diesem Kloster wurden viele wertvolle Handschriften gefunden. Die Ausmalungen von 1527 sowie die Freskomalereien im kretischen Stil sind bemerkenswert. Gegen 1960 waren die Gebäude fast alle eingestürzt, danach wurden sie restauriert. Besonders reizvoll gelang der kleine Glockenturm.

Vom Kloster Agios Nikolaos gehen wir Hundert Meter die Asphaltstraße bergauf und biegen links in den Pfad zu den Klöstern Metamorfosis und Varlaam ein (Route 6). An der Gabelung biegen wir links ab zum Metamorfosis.

Das Kloster Metamorfosis (auch Megalo Meteoro) ❷ wurde Mitte des 14. Jahrhunderts auf dem höchsten und größten Felsen gebaut. Sehenswert sind die Fresken in der Hauptkirche, die in agioritischer Bauweise (nach Art des Heiligen Berges Athos) auf kreuzförmigem Grundriss mit einer zwölfseitigen Kuppel und seitlichen Konchen errichtet wurde. Eindrucksvoll sind das Schädelhaus (siehe S. 21) mit den Schädeln der verstorbenen Mönche sowie zahlreiche Gebäude verschiedenster Aktivitäten (Weinfass, Ackergeräte).

Vom Metamorfosis gehen wir die Straße hinunter vorbei an den zahlreichen Bussen und PKWs. Rechts unten sehen wir das Kloster Varlaam und kürzen durch einen schmalen Pfad rechts hinunter ab.

Das Kloster Varlaam (auch Agion Panton) ❸ wurde früher wie fast alle anderen Klöster durch sogenannte

Kloster Agia Triada

Himmelsleitern oder ein Netz erreicht, in das sich der Mönch nach oben ziehen ließ. Es wurde 1350 errichtet. Außer interessanten Freskomalereien besitzt es wertvolle Handschriften und religiöse Schätze, die in einem Museum zu besichtigen sind. Das Refektorium (Speisesaal) sowie die Küche sind sehr gut erhalten.

Vom Kloster Varlaam gehen wir rechts hoch, bis wir den Abstieg zur Katzenkirche erreichen (Route 2 entgegengesetzt). An der Asphaltstraße gehen wir links und kommen kurz nach der Spitzkehre zum Kloster Rousanou.

Das kleine, aber malerische Nonnenkloster Rousanou ❹ (auch Agia Varvara) wurde 1545 erbaut. Die Fresken in der Hauptkirche gehören zur kretischen Schule. Die kleine Kapelle wurde der Heiligen Barbara (Varvara) geweiht. Die feste Brücke, über die man zum Kloster gelangt, wurde 1936 gebaut. Man sieht am Gebäude noch eine lange Leiter, auf der man davor hochklettern musste.

Wir kehren zur Spitzkehre zurück und biegen am kleinen „Parkplatz" in den Wald ein (Route 2 entgegengesetzt) bis zum Kamm, dann links zur Schäferei (Route 7). Von der Schäferei geht es zum Kloster Agia Triada und von dort zum Agios Stefanos, leider auf der Straße.

Das Kloster Agia Triada ❺ wurde 1438 auf dem malerischsten Felsen errichtet. Es besitzt neuere Freskomalereien. Eine kleine Kapelle wurde in den Fels gehauen.

Das Nonnenkloster Agios Stefanos ❻ wurde 1192 errichtet. Es ist von Kalabaka aus zu sehen. Es wird auch das „königliche Kloster" genannt, weil im Mittelalter einmal ein Kaiser zu Gast war. Leider wurden wertvolle Wandmalereien in der Kirche im Bürgerkrieg zerstört.

Der Rückweg erfolgt entweder um den Stefansberg herum (Route 1) oder den Abstieg am Agia Triada (Route 1 entgegengesetzt).

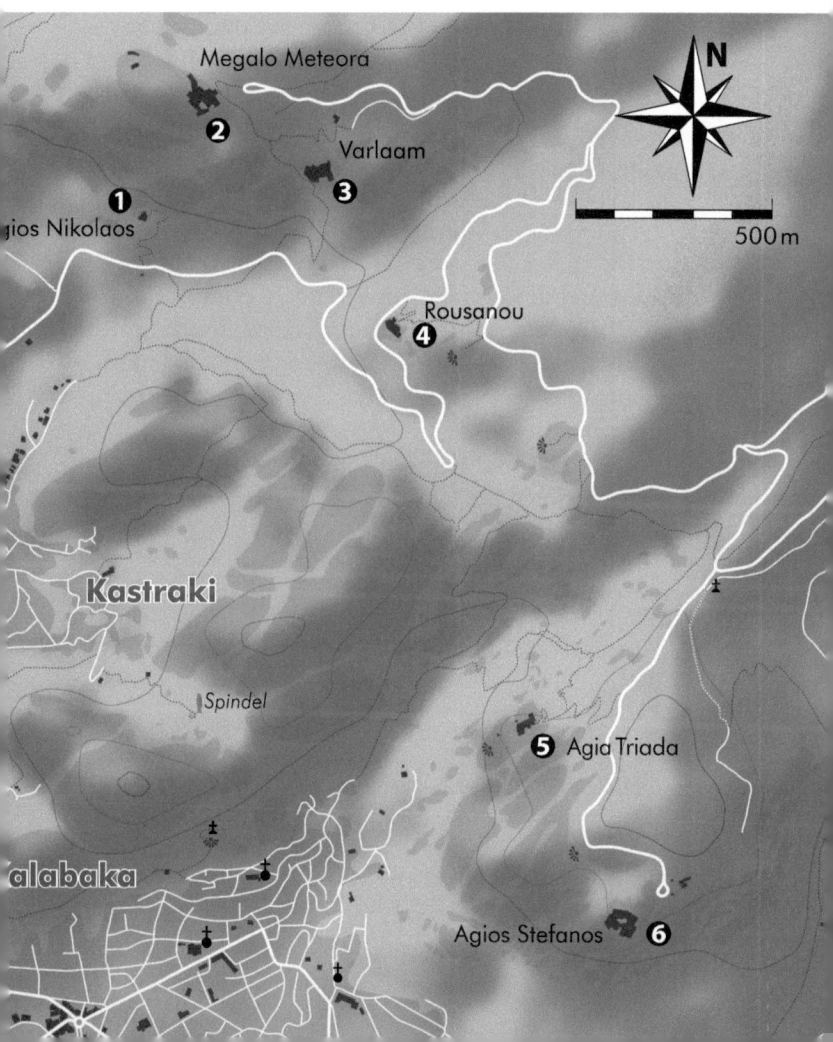

Ergänzende Infos und Tipps

Weiterführende Informationen zu Meteora findest du auch unter folgendem Link:
https://www.salinos.de/links/meteora.php

ISBN 9783752804652

Meteora - zwischen Himmel und Erde
Die gebirgige Klosterlandschaft der Meteora zwischen Kalabaka und Kastraki gehört zum Weltkulturerbe.
Sie wird von hunderttausenden Menschen jedes Jahr aus nah und fern besucht. Die meisten von ihnen fahren mit dem Bus oder dem Auto zu den Klöstern. Dieses kleine Büchlein möchte dazu einladen, abseits der Straßen tief in die Welt der Orthodoxie einzutauchen, zu meditieren und den kleinen Dingen am Wegesrand Beachtung zu schenken. Ein uralter Baum, majestätische Störche auf der Kirchenkuppel oder die Ruinen längst vergangener Klöster oder Einsiedeleien - all diese Dinge möchten uns ihre Geschichte erzählen!
Erhältlich auch als englische Version unter:
„Meteora - between heaven and earth"

ISBN 9783746081243

Info zu den Wanderkarten
Die hier veröffentlichten Karten (S. 17, 22, 29, 35, 39, 45, 49, 55, 63, 71, 77) wurden basierend auf Daten von OpenStreetMap.org erstellt.
Copyrighthinweise siehe unter www.openstreetmap.org/copyright.